LEURS

INFAMIES

LEURS INFAMES

PAR

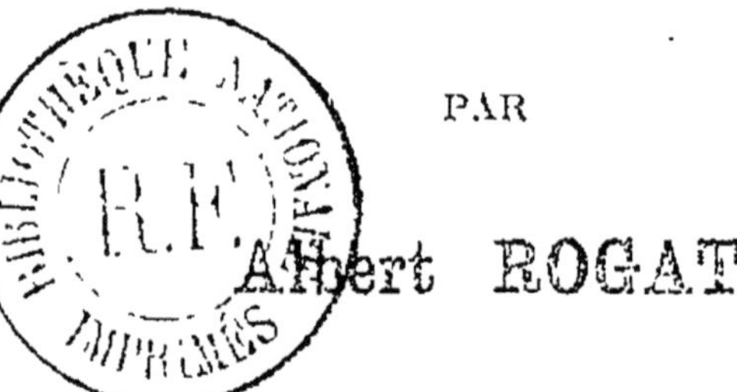

Albert ROGAT

RÉDACTEUR AU JOURNAL LE PAYS

PRIX : 25 CENTIMES

PARIS

E. LACHAUD ET Cie, ÉDITEURS

4, PLACE DU THÉATRE-FRANÇAIS, 4

1876

PRÉFACE

La commission d'enquête sur les actes du soi-disant gouvernement de la Défense Nationale a fait un choix parmi les dépêches télégraphiques officielles échangées entre les hommes du 4 Septembre et leurs complices de tous les degrés. C'est ce qui résulte de la préface mise en tête de cette publication et dont nous donnons plus loin un extrait.

Les membres de la commission d'enquête, orléanistes plus ou moins avoués pour la plupart, détestaient encore plus l'Empire que les coquins du 4 Septembre, ce qui explique pourquoi l'enquête n'a pas été poussée à fond et pourquoi ils ont, comme ils le confessent, éliminé les dépêches les plus graves, ne voulant pas rendre les Républicains plus odieux qu'il ne convenait à leurs desseins.

Le recueil des dépêches échangées entre les fonctionnaires du 4 Septembre et les préfets forme deux gros volumes in-quarto.

Dans l'Introduction qui précède le recueil des dépêches télégraphiques de ce soi-disant gouvernement, nous trouvons ces lignes, que nous signalons à nos lecteurs :

Nous n'avons cependant rien emprunté à la correspondance écrite.

Voici les scrupules qui nous ont retenus : nous avons été frappés, en parcourant un certain nombre de ces lettres, d'y trouver fréquemment mélangées les confidences personnelles avec les affaires de l'Etat et du service public. On pouvait s'y attendre, en songeant que tous les fonctionnaires importants de la France (au moins dans l'ordre civil), depuis les ministres jusqu'au moindre préfet, avaient été changés en quelques heures et remplacés par des hommes qui n'étaient rien moins que préparés à leurs nouvelles fonctions. Ils ne pouvaient donc pas connaître leurs devoirs professionnels, dont l'un, qui n'est pas le moindre, consiste à séparer partout, et en particulier dans les dépêches officielles, ses propres affaires de celles de l'Etat.

De plus, ils appartenaient tous, ou presque tous, non-seulement au même parti, mais à une même société; ils étaient, du haut en bas de l'échelle administrative, liés les uns avec les autres, sinon par des amitiés personnelles, au moins par une camaraderie ou une communauté d'opinions qui autorisait, paraît-il, entre tous, une grande familiarité. Aussi leurs correspondances devaient-elles se ressentir de leurs habitudes et de leurs relations antérieures, et les confidences les moins fardées de journaliste à journaliste ou de camarade à camarade devaient s'y mêler aux rapports de préfet à directeur, ainsi qu'aux instructions du chef de service à son subordonné.

C'est, en effet, ce qui s'est produit, et cela même au milieu des événements les plus graves, sur les papiers les plus chargés d'intitulés et de cachets officiels.

C'est ce caractère d'intimité, quelqu'abusif qu'il soit, qui nous a retenus; il se reconnaît encore dans les correspondances télégraphiques, mais à un degré beaucoup moindre et pour deux raisons : la première, c'est que les usages, non moins que les nécessités du service, exigent un laconisme extrême et la suppression de tous les mots d'une importance secondaire; la seconde, c'est que les règlements défendent aux employés des télégraphes de transmettre en franchise les dépêches, même revêtues de signatures officielles, qui traiteraient d'affaires ou d'intérêts privés.

Cette différence entre les lettres et les télégrammes explique pourquoi nous nous sommes bornés à publier ces derniers, et nous avons cru, par cette réserve, répondre à vos intentions.

Nous devons regretter cette réserve, dont les hommes du 4 Septembre n'ont pas donné l'exemple quand ils ont livré à la publicité les papiers volés aux Tuileries, après les avoir au préalable fait falsifier par les polissons qu'ils s'étaient adjoints pour cette malpropre entreprise. Il est certain que, si l'on en juge par les dépêches télégraphiques forcément si concises, la correspondance de ces échappés de brasserie doit offrir un intérêt tout particulier; ces familiarités se devinent. A l'heureuse époque où un secrétaire de M. Gambetta offrait, sans façon, à un ambassadeur de prendre un bock, on devine ce que pouvaient être dans la correspondance les familiarités que signale l'honorable rapporteur. Ce doit être des « ma petite vieille » par ci, « ma vieille branche » par là, effusion touchante à l'usage du monde si spécial d'où a émergé le personnel gouvernemental du 4 Septembre. Quant à ce mélange des intérêts particuliers avec ceux de l'Etat, dont s'étonne l'honorable rapporteur, il ne nous apprend rien de nouveau sur l'avidité des bohêmes qui, grâce aux Prussiens, ont pendant de trop longs mois gouverné, c'est-à-dire exploité, la France; nous retrouvons dans le recueil des dépêches des traces suffisantes de cette avidité éhontée.

C'est là un phénomène des plus naturels; les révolutions ne sont jamais faites (c'est presque une vérité de La Palisse à dire) que par ceux qui ont intérêt à les faire. Les révolutionnaires, que les historiens de l'ancienne Rome désignent constamment ainsi : *rerum novarum cupidi*, gens désireux d'un nouvel état de choses, sont des déclassés qui n'ont de chance de sortir de la misère où leurs vices combinés avec leur imbécillité les ont précipités, que dans un bouleversement de l'ordre établi.

Quant aux malfaiteurs de plus haut parage qui ont pris la tête du mouvement révolutionnaire, gens parfois supérieurs par leur éducation ou leur position sociale, ils sont bien obligés de subir comme collaborateurs ceux qu'ils se sont donnés comme complices.

LEURS INFAMIES

PAR

ALBERT ROGAT

Rédacteur au journal *le Pays*

DÉPARTEMENT DES ALPES-MARITIMES.

Les républicains font passer le citoyen Dufraisse pour le publiciste le plus profond et l'homme le plus intègre du parti; on va voir que tout est relatif. Ce galant homme était préfet des Alpes-Maritimes.

Nice, 31 janvier 1871, 8 h. 45 soir. — N° 7,659. *Préfet à Steenackers, directeur général, Bordeaux. — Chiffrée.* Faites-moi le plaisir de nommer dès demain Mesdemoiselles Cotte, *sœurs du préfet du Var*, l'une directrice des postes à Aups, l'autre au bureau de tabac *possédé* dans la même localité par Cartier, *gendarme du 2 décembre.* MARC DUFRAISSE.

Ces purs sont incomparables pour happer les places. C'est le même Marc Dufraisse qui, s'intéressant également au frère de ces demoiselles, télégraphiait à M. Laurier à la date du 14 novembre :

« Entre nous, Cotte (alors préfet du Var) et sa famille sont dans une position gênée. Si l'on offrait à notre ami une compensation *lucrative*, j'estime qu'il accepterait. »

Parbleu !

M. Dufraisse, le publiciste profond, était un gaillard essentiellement pratique. Pour lui, une élection se réduisait à une simple opération commerciale :

NICE, 2 février 1871, 7 h. soir. — N° 7640. *Préfet à Laurier, délégué intérieur, Bordeaux.* — .... Votre candidature serait peut-être ici jointe avec la mienne, qui réussirait infailliblement si j'avais 4 ou 5,000 francs à y dépenser.... *Voulez-vous que nous fassions de compte à demi?*

MARC DUFRAISSE.

Le digne homme prenait sa préfecture pour une boutique, et le publiciste profond traitait une élection comme une affaire de trois-six.

D'ailleurs si M. Marc Dufraise pensait aux demoiselles Cotte, il ne s'oubliait pas lui-même :

Nice, 13 février 1871, 8 h. 16 soir. — 7940. *Préfet à comte de Chaudordy, délégué affaires étrangères, Bordeaux.* — Monsieur le comte.... (Cette appellation nobiliaire sous une plume démocratique et sociale, cela fait toujours plaisir).... Je rappelle à votre souvenir que je souhaite toujours le poste diplomatique de Berne, que vous m'auriez réservé. Je préfère cette mission à la préfecture de Nice. Marc Dufraisse.

Cela se comprend.

Nous rappelons que les Républicains vantent le citoyen Marc Dufraisse comme l'homme le plus honnête et le plus désintéressé.

DÉPARTEMENT DE L'ARIÉGE.

Les émeutiers du 4 Septembre s'étaient emparés du pouvoir; ils trouvèrent dans les départements d'audacieux imitateurs, que dans la plupart des cas ils n'osèrent désavouer. Ainsi, dans le département de l'Ariége un nommé Anglade se fait nommer préfet par acclamation.

Foix, 5 septembre 1870, 9 h. 08 matin. — N° 769. *Au citoyen ministre de l'intérieur, Paris. Population* de Foix *acclame* Anglade administrateur provisoire du département. Préfet ne résigne ses pouvoirs qu'avec approbation du ministre. ANGLADE.

Nous trouvons encore cet Anglade préfet à la date du 12 janvier. Plus tard cet individu a été rendu à la vie privée, d'où il s'était tiré avec une si touchante spontanéité.

DÉPARTEMENT DE L'AUDE.

Il va sans dire que toutes les vieilles barbes sales du parti républicain virent dans la réapparition de la République tout un avenir de culottes et de bottes, avec du tabac et des bocks à l'horizon pour le restant de leurs jours.

NARBONNE, 6 septembre 1870, 12 h. 19 soir. N° 625. *Nous, commissaire République, à citoyen ministre de l'intérieur, Paris.* —Le citoyen Théodore Raynal arrive d'Espagne *et se met à votre dispo-*

sition. Pour le commissaire de la République. (Signature illisible.)

Pendant que Raynal arrivait d'Espagne, un certain Marcou, devenu depuis célèbre comme *intransigeant*, se nommait préfet de l'Aude, tout comme Anglade s'était nommé préfet de l'Ariége.

CARCASSONNE, 4 septembre 1870, 11 h. 10 soir. N° 947. *Le citoyen Marcou, commissaire de la République, acclamé par les citoyens de Carcassonne, au citoyen Ministre de l'Intérieur, Paris.* — Averti que la République a été proclamée à Paris, je l'ai moi-même proclamée du haut du balcon de l'Hôtel de Ville, et, suivi d'une foule nombreuse de citoyens enthousiastes, j'ai pris possession de la Préfecture.

Le préfet a cédé à la force majeure pour éviter, a-t-il dit, des désordres. L'enthousiasme est indescriptible, et tous les grands instincts de l'honneur national et de la liberté sont réveillés comme en 92.

F. MARCOU.

De Narbonne, Raynal, qui, *proprio motu*, s'est, lui aussi, nommé commissaire de l'Aude envoie à Paris la dépêche suivante :

NARBONNE, 6 septembre 1870, 4 h. 25 matin. — N° 41698. P. *Commissaire de l'Aude à Intérieur, Paris.* Arrivé ce matin ; réception enthousiaste ;

population entière sur pied ; tous les villages envoient députation. Attends instructions précises, indispensables pour agir efficacement. Quelques municipalités refusent reconnaître République. Villes, chefs-lieux de canton montrent esprit excellent.

THÉODORE RAYNAL.

Marcou raconte que la population lui a témoigné un enthousiasme indescriptible; Raynal assure que la même population fait paraître pour lui, Raynal, un enthousiasme sans précédent. Entre les deux compétiteurs Gambetta hésitait. Aussi Raynal, qui ne recevait pas de réponse, télégraphiait à Paris:

NARBONNE, 8 septembre 1870, 12 h. 10 soir.— N° 640. *A Léon Gambetta, Paris.* Ami, vous avez songé à mes collègues et je suis oublié. Dois-je venir à Paris ou attendre ici? Votre tâche est rude, il vous faut des hommes éprouvés.

THÉODORE RAYNAL.

Théodore Raynal, *homme éprouvé*, voulait absolument son lopin : le gaillard ne se laissait pas oublier. Cependant, l'inquiétude le prend, et, cinq minutes après, il télégraphie à trois des chefs de l'émeute dont il était personnellement connu. L'angoisse s'y décèle clairement : pas de préfecture, pas de bottes.

Narbonne, 8 septembre 1870, 12 h. 15 soir.— N° 642. *Commissaire de l'Aude à Gouvernement, Paris. Emmanuel Arago, Garnier-Pagès, Jules Favre.* Arrivé depuis trois jours, attends instructions ; que dois-je faire ? quel caractère me donnez-vous ?

Théodore Raynal.

L'Aude jouissait donc de deux préfets. Marcou régnait à Carcassonne et Raynal à Narbonne. Marcou, pour faire pencher la balance en sa faveur, s'avise de faire télégraphier à Paris par le Conseil municipal de Carcassonne, qu'on le maintienne dans ses fonctions de préfet, qu'il y va de la tranquillité publique (*sic*). Enfin, Raynal, vieux débris de 1848, l'emporta, et Marcou fut mis à la porte. Il ne l'a jamais pardonné à Gambetta, et voilà pourquoi il s'est jeté dans l'ultra-radicalisme.

Quant à Raynal, il se fit un devoir de démontrer que la platitude courtisanesque s'allie parfaitement avec les instincts révolutionnaires.

Carcassonne, 14 ou 15 octobre 1870, 7 h. 25 matin. — N° 213. *Préfet à Léon Gambetta, Tours.*

Merci, au nom de tous, brave ami; vous sauverez la République. *Sic itur ad astra:* ne vous l'êtes-vous pas dit en mettant le pied dans le ballon ?

RAYNAL.

Sic itur ad astra, pour l'hégire en ballon du charlatan génois, c'est une véritable trouvaille. Ce Raynal était né chambellan de la démagogie. Appréhendant quelque coup de balai réactionnaire, ce personnage donna sa démission en même temps que son patron Gambetta. Dans une dépêche suprême, il annonce qu'il reprend le chemin de l'exil. On ignore ce qu'il est devenu. Le bon Raynal s'est trop pressé; il eût été conservé par M. Thiers, bien fait pour le comprendre, et il eût émargé jusqu'au 24 mai.

BOUCHES-DU-RHONE.

Un nommé Delpech, dont nous reparlerons tout à l'heure, avait été délégué comme préfet des Bouches-du-Rhône. Esquiros, une des vieilles barbes du parti, convoitait cette riche satrapie; pour le satisfaire, on le nomma administrateur supérieur, ce qui faisait deux préfets pour un département. Les républicains cessent de crier contre les gros budgets chaque fois qu'ils parviennent à mettre la main sur la clef de la caisse.

Esquiros administrait avec des façons de proconsul de la Convention. Il mandait les magistrats par devers lui et gourmandait vertement ceux qui, trop nombreux, hélas ! poussaient l'oubli de leurs devoirs jusqu'à se rendre à ses invitations. De son chef, il destituait les magistrats inamovibles. Le gouvernement insurrectionnel, qui s'était réservé cette prérogative, réprimandait Esquiros, qui répondait à leurs observations, avec une logique incontestable:

« Napoléon III était inamovible, le Sénat était inamovible, avez-vous respecté leur privilége ? »

Le préfet Delpech, à Marseille, se montrait à la hauteur des circonstances. « Il a fait ici, écrit le procureur général à Crémieux, un discours violent, et, accusant le gouvernement de faiblesse, a dit qu'il marcherait *avec*, *sans* et au besoin *contre lui*. » Ce même Procureur général — c'est le fameux Thourel — ne s'oubliait pas : « Dans le mouvement du ressort de Nîmes, écrit-il à Crémieux, songez à mon neveu, méritant à tous égards.»

Et dans une autre dépêche il réitère :

« N'oubliez pas neveu. »

Le même Thourel est l'auteur de ce télégramme mouvementé :

Aix, 27 Septembre 1870, 2 h. 30 soir. — N° 726. *Procureur général à Crémieux, Tours.*— Hier soir, à la suite d'un acte arbitraire commis par un garde civique chez des religieuses, d'où il a apporté de l'or, dont on l'a accusé avoir détourné quelque chose, rixe grave salons préfectoraux; baïonnette croisée sur Klingler, dont avais demandé révocation. — Lui a tiré un coup de révolver, frisant la tempe de Beaume, secrétaire général; autre coup de fusil tiré. Naquet menacé saute par croisée. — Klingler arrêté. — Boucher, substitut commis pour instruire.

THOUREL.

Cette scène n'est pas sans analogie avec les rixes mélangées de cabrioles, dont le palais des singes au Jardin des Plantes est le théâtre.

Naquet, sautant par la fenêtre, nous montre que les gens de ce temps-là avaient toutes les aptitudes, même celles du clown; la fenêtre de Naquet fait le pendant du vasistas de Ledru-Rollin. On sera peut-être curieux d'avoir un échantillon du style de Delpech :

MARSEILLE, 30 Septembre 1870, 11 h. — N° 4,095. *Préfet à Intérieur, Tours.* — Confidentiel. Mon cher Laurier, — est-ce vous qui avez nommé Giraud-Cabasse sous-préfet d'Aix? Je crains bien qu'Esquiros ne se soit laissé *panneauter*, en vous demandant cette nomination assez malheureuse. Il aurait fallu envoyer un bon bougre, et le titulaire n'en est pas un. Tenez-moi un homme sous votre main pour ce poste. Je vous mettrai bientôt à même de l'utiliser.

DELPECH.

On voit, par cet exemple, que le langage du garçon boucher Delpech — d'autres ont dit corroyeur — était à la hauteur de ses fonctions.

Esquiros, une des vieilles barbes du parti républicain, s'est immortalisé par sa lutte avec Gent pour la possession de la préfecture de Marseille. Ce fut Gent qui l'emporta.

Esquiros, attristé de voir que le gouvernement de Tours était moins révolutionnaire que lui, donne sa démission. Il faut voir en quels termes cet administrateur supérieur parle de son gouvernement :

MARSEILLE, 16 octobre 1870, 5 h. 50 soir. — N° 552. *Administrateur supérieur à Intérieur,*

Tours. — *Chiffrée.* — Je vous remercie d'accepter ma démission. Il est d'ailleurs bien entendu que je ne me retire pas devant l'émeute ; je me retire uniquement devant l'insuffisance et la lâcheté du gouvernement de Tours. — Je ne ferai certes pas afficher votre dépêche, parce que je ne veux point être responsable de l'effusion du sang à Marseille.

Cependant Esquiros n'avait pas encore quitté Marseille, et cela gênait son successeur.

Marseille, 20 décembre 1870, 12 h. 20. — N° 5365. — *Préfet à Intérieur, Bordeaux.* — *Chiffrée.* Il est absolument nécessaire que vous m'aidiez à débarrasser Marseille et moi de la présence d'Esquiros, qui est ici le prétexte et l'instrument inconscient d'une agitation malsaine dominée, mais qui, en présence de quelques événements graves, se servirait encore de lui pour de nouveaux désordres.

Pour cela, il faut qu'il quitte Marseille, et c'est parce qu'il est dénué de ressources qu'il reste.

Or, il est vrai que, pendant les deux mois de son administration, Esquiros n'a rien touché en espèces, quoiqu'il ait été commis des gaspillages autour de lui et qu'il ait été défrayé de ses dépenses.

Autorisez-moi donc à lui compter, à titre de solde de son traitement, telle somme que vous arbitrerez, afin que je puisse le faire décider à partir et à échapper au triste rôle qu'à son insu il joue, et nous délivrer de réels embarras et dangers ; je vous assure que cela est très-utile et même urgent.

ALPH. GENT.

Et à quatre jours de là, Gent télégraphiait au ministère de l'intérieur : « Laissez-moi régler l'affaire d'Esquiros sur les bases convenues avec Gambetta. J'aurai les fonds à l'aide d'un virement déjà fait, et ce sera un bon débarras et pour lui et pour moi. » Ainsi les hommes du 4 septembre pratiquaient le système des virements dont ils reprochaient si amèrement l'emploi aux hommes du 2 décembre. Gent finit par acheter sa place à Esquiros pour 4,000 francs. Ces fils de 89 se mettaient à rétablir la vénalité des charges.

DÉPARTEMENT DE LA CORSE.

En Corse, dans ce berceau de l'Empire, les hommes du 4 septembre avaient eu toutes les peines imaginables à mettre la main sur un indigène qui condescendît à les servir. Ils finirent par trouver un certain Ceccaldi, qui se laissa nommer préfet par eux, mais dont ils se dégoûtèrent assez tardivement. Nous avons, de ce personnage, la dépêche suivante :

Ajaccio, 17 janvier 1871, 5 h. 25. — N° 80. *Préfet à Intérieur, Bordeaux. — Chiffrée.* Puisque le gouvernement tient à ce que mon remplacement n'ait pas la signification d'une disgrâce, je me permets, à l'occasion du mouvement projeté dans l'administration des finances, de vous demander la place de receveur général à Ajaccio. Le titulaire Conti est cousin de Conti, secrétaire de l'ex-Empereur, et partant, entièrement dévoué au régime tombé. Il ne peut en aucun cas servir utilement le gouvernement républicain.....

Ceccaldi.

Nous ne savons ni ce qu'est ce Ceccaldi, ni ce qu'il vend, mais l'avidité de cet homme, qui étale si impudemment ses convoitises, nous atteste que le parti républicain avait trouvé en lui une digne recrue. On le remplaça par un farceur bien connu, Gustave Naquet, qui fut hué de la belle façon à son débarquement et traduisit ainsi ses impressions à ses patrons : « Arrivé ce matin à 10 heures, *réception calme.* » Les Corses accablèrent d'avanies ce pauvre diable, qui, à la fin, fut pris de frayeurs coliquatives, comme nous le montre cette dépêche :

Ajaccio, 9 février 1871, 10 h. 40 matin. — N° 148. *Préfet à Intérieur, Bordeaux. — Chiffrée.* Il est très-urgent d'envoyer un navire de guerre, dans le port d'Ajaccio, même pour ma protection personnelle.

G. NAQUET.

DÉPARTEMENT DE LA CREUSE.

Le maçon Nadaud, un revenant de 48, avait été nommé préfet de la Creuse. Il supplia ses patrons de ne pas poursuivre Félix Pyat, Blanqui, ni Flourens. « Je les ai, dit-il, connus intimement en exil. Que les Républicains ne ferment pas les portes des prisons sur des Républicains. » Parbleu, les loups ne se mangent pas entre eux : l'adjuration était superflue. Voici encore du style du maçon Nadaud :

GUÉRET, 31 janvier 1871, 2 h. 18 soir. — N° 7351. *Nadaud à Gambetta, Bordeaux. — Chiffrée.* Vous voulez une Chambre déterminée à poursuivre la guerre. Je doute que le suffrage universel vous la donne. Gardez la dictature et adjoignez-vous quatre hommes bien connus en France et marchez.

NADAUD.

DÉPARTEMENT DU FINISTÈRE.

Une jolie dépêche :

QUIMPER, 30 octobre 1870, 1 h. 40 soir. — N° 519. *Général Kératry et préfet Finistère, à Gambetta, Glais-Bizoin, Crémieux. Tours.* — Votre proclamation est l'honneur même du pays. Nous sommes résolus à nous faire tuer jusqu'au dernier pour l'honneur et le salut de la France.......

KÉRATRY, CAMESCASSE.

A la vérité l'ex-sous-lieutenant de contre-guérillas Kératry et l'avocat Camescasse ne tenaient, dans leurs mains, ni l'honneur, ni le salut de la France, mais ces deux messieurs nous permettront de les féliciter de n'avoir pas pris au sérieux leur tragique résolution. A l'heure qu'il est, ils se portent comme le Pont-Neuf. M. Kératry a tiré les marrons du feu sous la forme d'un cordon de commandeur, et M. Camescasse bavarde de plus belle dans un barreau quelconque.

DÉPARTEMENT DE LA HAUTE-GARONNE.

A Toulouse, régnait le préfet Duportal, celui que Quinet, déjà radotant, appelait *tout un monde*, et à qui ce sobriquet est resté. Comme on va voir, Lissagaray, le communard, et lui se passaient amicalement la casse et le séné.

Toulouse, 9 octobre 1870, 4 h. soir. — N° 5277. *Lissagaray à Cavalier,* (1) *attaché Intérieur. Tours,* Veuillez mettre sous les yeux de Laurier cette dépêche :

Duportal attend impatiemment ma commission qu'il a demandée avant-hier par dépêche. Il serait bon de nommer commissaire à la défense dans le Lot et le Lot-et-Garonne, ou tout au moins dans ce département, Henri Duportal, fils de Duportal, ingénieur distingué, qui connaît à fond cette région. Réponse télégraphique pour ma commission aujourd'hui même et, autant que possible, pour Henri Duportal.

Lissagaray.

La nomination de l'ingénieur distingué se faisant attendre, Duportal prend un parti..... radical ; il télégraphie à Tours, en date du 3 novembre : « Pour préserver aussi l'arsenal des effets des défiances dont M. Demay était l'objet, j'ai dû placer à sa tête l'ingénieur Duportal. » Les gens de Tours, dans un accès

(1) Déjà célèbre sous le nom de *Pipe-en-Bois,* un des satellites de Gambetta, se distingua dans la Commune, fait actuellement partie de la tourbe émigrée à Bruxelles.

momentané de pudeur, lui firent quelques observations sur cette exagération de l'amour paternel ; il leur répond avec bonhomie :

Toulouse, 4 novembre 1870. 9 h. 40. — N° 5,916 *Préfet à intérieur, Tours.* — Comment avez-vous pu penser, vous, que je pouvais faire du népotisme? Les royalistes seuls ont pu le dire, sans le penser..... Nous avons voulu vous substituer l'activité civile à l'inertie militaire, et la fiévreuse intelligence d'un jeune ingénieur à la routine d'un vieux soldat.

Armand Duportal.

Le père du jeune ingénieur finit par lasser Gambetta. On lui insinua doucement de donner sa démission. Il fit passer à son gouvernement la dépêche suivante:

Toulouse, 7 novembre 1870. — *Préfet à membres du gouvernement, Tours.* — Vous me demandez ma démission! Que celui d'entre vous qui a fait un jour de prison pour la République vienne la chercher.

Duportal.

Et du même, cette dépêche pour le bouquet:

Toulouse, 1er janvier 1871. 2 h. 57 soir. — N° 7,148. *Préfet à Gambetta, Bordeaux.* — Affirmez fortement votre dictature; la France est affolée d'obéissance et d'asservissement.

A. Duportal.

Décidément, ce farceur était bien nommé : *tout un monde.*

DÉPARTEMENT DE LA GIRONDE.

Nous ne donnerons qu'une dépêche du préfet Amédée Larrieu :

Bordeaux, 8 septembre 1870, 10 h. 2 soir. — N° 1,509. *Préfet à Intérieur, Paris. — Chiffrée.* Haussmann, à Bordeaux : très-grande émotion. Le peuple demande son arrestation. Tous nos amis emploient toutefois leur influence pour modérer la population. Faut-il le faire arrêter ? Instructions précises et immédiates.

Même question pour Jérôme David et de Forcade.
Amédée Larrieu.

On voit que ces ridicules tyranneaux se faisaient un jeu de la liberté des citoyens. Quel délit avaient commis M. Haussmann, M. Jérôme David et M. de Forcade ? Ni Larrieu ni ses maîtres n'eussent pu en alléguer aucun. Ils trouvaient dans l'assouvissement de leurs rancunes la justification des plus flagrantes iniquités.

DÉPARTEMENT DE L'HÉRAULT.

Comme les avocats sans causes, les médecins sans malades se montraient extrêmement friands de préfectures et de sous-préfectures. Un certain docteur Vernhes s'était fait nommer sous-préfet de Béziers. C'était un franc original, qui envoyait à Tours des dépêches ainsi conçues: « Me refuser la concentration des pouvoirs, c'est m'obliger à la prendre ». Ce qui indique une notion assez confuse des devoirs élémentaires d'un fonctionnaire vis-à-vis de ses chefs. Il en fit tant qu'on lui signifia sa révocation. Cette opération ne se fit pas sans douleur, comme en témoigne le télégramme suivant :

Béziers, 29 décembre 1870, 8 h. 30 soir. — N° 7,871. *Sous-préfet à directeur sûreté générale, Bordeaux. Chiffrée.* — Sous l'influence et la pression réactionnaire surtout hostile à la République, préfet de l'Hérault signifie à vieux ami Vernhes une révocation sans mandat; demande explications à notre Gambetta; arriverai à Bordeaux lundi. Amitiés à Roudier. Vernhes.

Vieux ami Vernhes avait peut-être culotté bien des pipes avec *son* Gambetta. Cependant le dictateur fut impitoyable; le docteur Vernhes fut rendu à sa clientèle.

DÉPARTEMENT DES LANDES.

Un aperçu de la façon dont on recrutait les fonctionnaires à cette bienheureuse époque :

MONT-DE-MARSAN, 5 octobre 1870, 10 h. 40 matin. — N° 9,524. *Préfet à Intérieur, Tours.* — Vous avez nommé commissaire de police à Dax Ferdinand Getten, condamné à 15 mois de prison pour vol. H. MAZE.

Ce M. Maze fait bien le dégoûté.

DÉPARTEMENT DE LA HAUTE-LOIRE.

Il faut rendre un juste hommage aux préfets de l'Empire. Ces fonctionnaires si distingués ne songèrent pas à pactiser avec l'émeute victorieuse. L'un d'eux fait une fâcheuse exception, et il nous paraît bon d'inscrire sur la liste heureusement très-courte des renégats de i'Empire, le nom de M. le comte Léo de Saint-Poncy. Il fallait des talons rouges pour une volte-face si prestigieuse :

LE PUY, 4 septembre 1870, 11 h. 25 soir. — N° 372. *Préfet à Intérieur, Paris.* — Je viens de proclamer au Puy la République et le nouveau gouvernement de Défense nationale.

La proclamation a été accueillie avec un sentiment unanime de satisfaction et de confiance.

Les dispositions sont excellentes. Partout éclate le patriotisme.

Des ordres sont donnés pour afficher de suite cette proclamation dans toutes les communes du département.

Des mesures sont prises pour assurer le maintien de l'ordre et l'obéissance au nouveau gouvernement. Adhésion empressée du commandant de la garde mobile.

Comte LÉO DE SAINT-POUCY.

Le même homme écrivait le lendemain :

« Les dispositions sont bonnes. Je me suis entouré, pour faciliter et fortifier l'autorité dont je reste provisoirement investi, d'un comité composé d'hommes connus par leurs opinions libérales et républicaines. » Tant d'impudence ne fut pas appréciée par le nouveau gouvernement. M. de Saint-Poncy avait trouvé moyen d'écœurer des hommes à l'estomac pourtant bien robuste, et il fut balayé ; mais ne nous attardons pas à ce repoussoir, qui fait encore briller d'un plus vif éclat la fidélité des fonctionnaires de l'Empire.

Un autre préfet de la Haute-Loire, le nommé Henri Lefort, nous fournit une excellente dépêche :

Le Puy, 9 octobre 1870, 4 h. 15 soir. — N° 659. *Préfet à Gambetta, Intérieur, Tours. Personnelle.* — Bravo ! mon cher Gambetta, votre fuite est héroïque; tant mieux si les élections sont ajournées. — Nous pourrons nous consacrer tout entiers à organiser la guerre à outrance. La France ne peut pas vouloir autre chose ; il est inutile de la consulter. C'est du moins mon opinion de patriote républicain.

Mais, quoi que vous décidiez, informez-nous-en vite, et j'exécuterai énergiquement et fidèlement vos décisions. Henri Lefort.

La « *fuite héroïque* » de Gambetta et puis « *la France ne peut pas vouloir autre chose, il est inutile de la consulter* » sont de véritables perles. Ce Lefort gagne à être ouvert.

DÉPARTEMENT DE LA LOIRE-INFÉRIEURE.

Le préfet de la Loire-Inférieure était encore un médecin sans malades. Républicain enragé, il incarne le côté grotesque de la révolution du 4 septembre.

Nous allons reproduire quelques-unes de ses dépêches :

Nantes, 8 septembre 1870, 11 h. 20 soir. — N° 635. *Préfet à Intérieur, Paris.* Si vous avez un homme, envoyez-le de suite ; préfet actuel inerte depuis la République, avant, préfet à poigne. — Si l'homme vous manque, je déciderai mon gendre à accepter provisoirement la préfecture, ou à se faire le conseil d'un nouveau préfet.

Il est né dans le Morbihan, avocat, docteur en droit, l'organisateur de l'agitation anti-plébiscitaire dans son arrondissement, — d'une famille d'ardents patriotes, — mon parent avant son mariage. Si vous voulez de lui pendant période du danger, il acceptera temporairement.

Préférant être guide d'un préfet nouveau. — Au besoin lui écrire à Nantes, chez moi. Voici nom : Jules Lucas de Peslouan, avocat.

Vous faut-il un homme très-énergique, distingué, bon à l'administration, bon à la guerre, ardent patriote, sûr Républicain ? Le voici :

Auguste Lucas de Peslouan, propriétaire, en ce moment chez préfet de Nantes, quarante-quatre ans, désirant servir République, mais seulement pendant le danger.

GUÉPIN.

NANTES, 11 septembre 1870, 7 h. 21 soir. — N° 666. *Guépin, à Intérieur, Paris.* Difficultés augmentent, réaction napoléonienne s'organise, grande ma défiance. Avant-hier, dans ronde de nuit, j'étais seul ; vu d'adord fusée bleue, puis jeu de lumière.

Dire à Marine, directeur d'Indret partout dénoncé. Fait couper et enclouer des canons encore bons. — Très-suspect aux ateliers. — Ecrirai lettre.

GUÉPIN.

Il avait encore écrit à la date du 9 septembre : « Faites nommer Jules Lucas de Peslouan, avocat, docteur en droit, préfet temporaire à Vannes.— Désiré par Morbihan, actuellement chez moi. » Cette nomination lui tenait fort au cœur.

NANTES, 12 (?) septembre 1870, 2 h. 55 soir.— N° 673. *Préfet à Intérieur, Paris.*— J'ai expédié hier soir à Paimbœuf l'un des Peslouan pour remplacer le sous-préfet, dont je venais de recevoir la démission en termes très-honorables pour nous deux. J'ai donc nommé M. Pierre-Auguste Lucas de Peslouan sous-préfet provisoire de l'arrondissement. Il est Républicain de vieille date, fin, adroit, énergique, ayant ce qu'il faut pour le pays, qu'il connaît. Il y a des Prussiens riches à Pornic, il va y voir.

GUÉPIN.

NANTES, 13 septembre 1870, 2 h. 25 soir. — N° 45434. P. *Préfet Guépin à Arago, maire, Paris.* — Morbihan sans préfet, je propose mon gendre pour 15 jours, un mois ; il s'appelle Jules Lucas de Peslouan. On s'y croit encore sous l'Empire.

Ploërmel vient de faire insurrection contre terreur napoléonienne. Voyez Gambetta.— Toutes les deux nuits, je fais seul patrouille à Nantes par moi-même....

GUÉPIN.

Les gens de Tours, qui n'étaient pas ennemis d'une douce gaieté, ont dû bien rire de cette dépêche :

NANTES, 11 octobre 1870, 8 h. 38 soir. — N° 558. *Préfet à Intérieur et gouvernement, Tours.* Suis sur trace de voitures mystérieuses n'allant que de nuit. — L'on dit poudres, l'on dit armes, l'on dit conspirateurs, l'on dit Henri V. — Connais parcours. — Sous pieds des chevaux caoutchouc.

GUÉPIN.

Il faut entendre ce bon docteur parler de nos populations des campagnes, si éprouvées par cette guerre dont la folie criminelle des Républicains décuplait les désastres :

NANTES, 25 octobre 1870, 11 h. 42 soir. — N° 5566. *Guépin à Gambetta, Tours.*— Camp sous Argent, malsain. — Moitié des hommes mis hors de combat par fièvre.— Paysans vrais Prussiens, meilleurs pour Prussiens que pour soldats français. — Attends réponse pour coq à la hampe du drapeau des mobilisés.

GUÉPIN.

Ce fantoche est mort il y a deux ou trois ans.

Un sieur Fleury, qui succéda à Guépin comme préfet de la Loire-Inférieure, écrit à son ami Arago pour lui demander de nommer préfet de la Gironde son gendre, le fameux Engelhard, qui s'était rendu impos sible par ses violences dans le Maine-et-Loire, dont il était préfet. Fleury ajoutait : « C'est une question de vivre et d'avenir pour sa famille. »

C'était parmi les Républicains à qui se trouverait un fromage de Hollande pour soi et pour sa nichée.

DÉPARTEMENT DE L'ORNE.

Le préfet de l'Orne était le sieur Antonin Dubost, un ancien pilier de réunions politiques sous l'Empire, que Gambetta avait d'abord placé à la préfecture de police auprès de Kératry pour l'espionner.

Voici de son style :

ALENÇON, 8 janvier 1871. 5 h. 12 soir. — N° 7,323. *Préfet à sous-préfet. Mortagne.* — Que diable me demandez-vous ?

Ces cinq uhlans allez les arrêter vous-même, et surtou tn'en laissez pas échapper un seul.

DUBOST.

Le lendemain il écrivait à ce même sous-préfet : « De l'énergie et de l'audace, M. le sous-préfet, et vous verrez qu'avec cela l'ennemi est facile à déconcerter. Je n'ai pas à vous rappeler que le devoir d'un fonctionnaire républicain est de ne quitter son poste qu'à la dernière extrémité et au besoin de savoir mourir avec honneur. »

Avons-nous besoin d'ajouter qu'à la première occasion qui survint le citoyen Antonin Dubost se sauva comme un lapin ? Il jugea, et nous estimons comme lui, qu'il lui était impossible de « mourir avec honneur. »

PUY-DE-DOME.

Quand Gambetta nie le mauvais état des équipements des mobilisés, il est démenti par ses propres complices. Écoutons Girod Pouzol, préfet du Puy-de-Dôme et depuis député à l'Assemblée souveraine.

Clermont-Ferrand, 7 novembre 1870, 8 h. soir, — N° 5,107. *Préfet à L. Freycinet, guerre. Tours.* Vous avez promis de faire donner aux mobiles du Puy-de-Dôme les souliers et les vêtements qui leur sont nécessaires. Rien n'a été fait : je vous prie d'y veiller, car il me revient de nombreuses plaintes des parents qui ont été voir leurs enfants.....

GIROD POUZOL.

Le même écrit à Tours, à la date du 28 novembre : « Plaintes nombreuses sur la situation de nos mobiles qui manquent de souliers et d'habits. »

Encore un spécimen du désintéressement républicain :

CLERMONT-FERRAND, 28 novembre 1870, 9 h. 6 soir. — Nr 5,148. *Préfet à Intérieur. Tours.* — Donnez-moi autorisation spéciale pour disposer des recettes buralistes et des bureaux de tabac du département, de quelque classe qu'ils soient ; nécessité politique considérable.

GIROD-POUZOL.

DÉPARTEMENT DU VAR.

Tandis que le préfet Cotte, demande par le télégraphe à Paris s'il peut faire arrêter une personne qu'il croit être la princesse Mathilde, le maire de Toulon, le nommé Blache, adresse au ministre de l'Intérieur la dépêche suivante :

TOULON, 9 septembre 1870, 4 h. 40. — N°

43,604. — P — *Maire à Intérieur. Paris.* — Le citoyen Mégy a été élargi.

BLACHE.

Les hommes du 4 septembre n'avaient pas perdu de temps pour mettre l'assassin Mégy en liberté.

Voici en quels termes le célèbre Cotte, annonce à son gouvernement un acte inouï d'arbitraire commis par lui.

DRAGUIGNAN, 4 novembre 1870, 10 h. 36 matin. — N° 204. *Préfet à Intérieur et Justice. Tours — Chiffree.* — Ai pris encore une mesure grave. Hier, sur mandat motivé de moi, a été incarcéré président du tribunal de Toulon. C'était le magistrat compromis de 1851. Souhaite n'en pas connaître un autre.

P. COTTE.

Mentionnons une dépêche du sieur B. du Villars, conseiller de préfecture, sous-préfet par intérim de Toulon, qui demande « en récompense de son dévouement » (*sic*) la sous-préfecture de Brignoles « poste occupé par son père, ancien sous-préfet de république disgracié par empire » et qui à défaut de cette récompense, se rabat sur un congé de six semaines « *sans retenue.* » Une place ou de l'argent, le sieur du Villars est un homme pratique.

Le préfet Cotte avait demandé pour son secrétaire général un autre médecin sans malades, le sieur Brémond, neveu de Mgr l'archevêque de Paris Sibour. Brémond, évincé, télégraphie à Tours : « Cherchez, il est impossible que vous ne trouviez pas un emploi vacant en partant des préfectures pour finir aux inspections d'aliénés. Je compte sur votre amitié comme vous pouvez compter sur mon dévouement. » Nous ignorons si satisfaction a été donnée aux appétits du sieur Brémond.

DÉPARTEMENT DE LA VIENNE.

Le préfet de la Vienne écrit avec cynisme : « Assemblée sera mauvaise, si nommée sans pression révolutionnaire. » Ce préfet se nomme Ribert. Il n'a pas dû être un des derniers à brailler contre les candidatures officielles de l'Empire.

Nous abordons maintenant les dépêches du gouvernement central.

Paris, 8 septembre 1870, 5 h. 50 soir. — N° 31,004. — P. — *Préfet de police à Courant, sous-préfet, Brest.* — Ordre a été donné et est renouvelé d'élargir immédiatement les six condamnés de l'Internationale de Brest.

Annoncez exécution.

Ce préfet de police n'est autre que le comte de Kératry, qui depuis s'est, dit-on, fait conservateur.

Toujours la chasse aux places :

Paris, 9 septembre 1870, 6 h. 41 soir. — N° 31,307. — P. — *Intérieur à préfet Seine-et-Oise, Versailles.* — Pouvez-vous disposer d'une sous-préfecture, en faveur de M. Demarçay, gendre de M. Edmond Texier, du *Siècle ?* Réponse immédiate.

Comme pendant à une dépêche donnée plus haut, nous reproduisons celle-ci :

Paris, 15 novembre 1870, 9 h. 33 matin. — *Secrétaire général Justice à Procureur général, Aix.* — Veuillez bien me faire savoir où se trouve M. Mégy, condamné politique, qu'on me dit interné à Toulon? Réponse aussi prompte que possible.

M. Mégy, « condamné politique », ne fut pas indigne de cette sollicitude. Il prit part aux crimes de la Commune et se déroba par la fuite au châtiment.

A la date du 28 novembre Crémieux écrit à ses « chers collègues » du gouvernement de Paris. « Je viens de lire dans le *Journal officiel* (Ballon) mes nominations à la Cour de cassation, à la Cour de Paris. Qu'Arago m'en laisse un peu faire.

« J'ai fauché six cents juges de paix. »

Le sieur Spuller, un des agents de Gambetta et son prête-nom au journal la *République Française* avait eu soin de pourvoir son frère d'une bonne préfecture. Nous avons de lui une dépêche qui le montre assurément très-obligeant pour ses amis.

Tours, 6 décembre 1870, 4 h. 25 soir. — N° 5,116. *Spuller à préfet, Lyon.* — Je vous prie, à titre personnel, de mander auprès de vous M. Joseph Luce, présentement à l'hôtel des Princes, rue Saint-Dominique, à Lyon. C'est un de mes amis particuliers et le fils de votre collègue, le préfet actuel de la Côte-d'Or. Je désire que vous lui trouviez, auprès de vous, un emploi ; il pourra vous rendre les plus grands services par son dévouement qui est à toute épreuve. Il m'avait demandé un grade dans l'armée auxiliaire. J'espère le lui faire obtenir, s'il persiste dans ses intentions; mais gardez-le auprès de vous jusqu'à ce que sa position soit régularisée. Je vous prie de m'en écrire un petit mot.

Crémieux n'était pas le dernier à pousser les siens à la curée du budget :

Bordeaux, 10 décembre 1870, 1 h. 10 soir. — N° 5,492. — *Justice à Commissaire extraordinaire,*

Alger. — Confidentielle. — J'ai votre excellente lettre. Vous êtes très-embarrassé pour un préfet à Alger.

Nous avons ici quelques préfets à signaler, parmi eux le préfet de la Drôme, mon département d'adoption, où il a fait des miracles ; l'impôt de 1870 à peu près rentré, celui de 1871 avancé en bonne partie et des paiements sur 1872. Seize cent mille francs souscrits et versés sans emprunt, près de huit mille mobiles vêtus et équipés, toutes les exagérations républicainement *(sic)* contenues. Sous-préfet de Pontoise en 48, candidat populaire aux dernières élections, où il a échoué contre le candidat officiel; la révolution l'a envoyé préfet à Valence. Il est à la fois excellent administrateur, homme d'intelligence, de dévouement républicain, et d'un caractère plein de fermeté et de résolution. Mais il se nomme Peigné - Crémieux, il est mon gendre et vous comprenez mon hésitation. Cette Algérie civile que j'ai faite, je voudrais bien qu'il vous aidât à la développer, mais c'est vous que je consulte. Pesez mûrement toutes les considérations; si vous me connaissiez davantage, vous sauriez que mon caractère commande la plus entière franchise. Sur un avis de moi il partirait immédiatement, et vous auriez en lui un auxiliaire sur lequel vous pourriez compter comme sur moi-même.

AD. CRÉMIEUX.

Cette dépêche est ravissante d'un bout à l'autre. « Mais il se nomme Peigné-Crémieux et il est mon gendre » est une véritable perle. Ah ! l'on ne reprochera jamais à ces sinistres farceurs d'avoir été de mauvais parents.

Gambetta, échappé de son estaminet, trouvait sa nouvelle existence de dictateur fort plaisante. Enveloppé de fourrures cossues, mangeant bien, buvant sec, fumant des cigares « exquis », il bravait à outrance le froid et la faim qui moissonnaient nos malheureux soldats. Il s'entretenait dans une douce gaieté et s'accoutumait le mieux du monde à ce sanglant carnaval. Nous recommandons à l'attention de nos lecteurs la dépêche suivante :

Bourges, 16 décembre 1870; 10 h. 17 soir. — N° 401. *Intérieur à directeur général télégraphe, Bordeaux.* — Merci de votre bonne dépêche. J'attends les messagers venant de Paris; aussitôt après avoir entendu leur rapport, je vous enverrai une dépêche pour le gouvernement. Les choses se réparent ici à vue d'œil et d'ici à quelques jours vous entendrez parler de nous. Cigares exquis. Soyez toujours gais et de bonne composition. Salut et fraternité, à vous, au préfet et à tout notre monde.

Léon Gambetta.

Le correspondant à qui Gambetta communiquait ses impressions sur les cigares, et à qui il conseillait la jovialité en de pareils moments, n'est autre que le jeune M. Steenackers. Celui-là avait mis la main sur les télégraphes. C'était précisément le moment où Gambetta se repliait en bon ordre sur Bordeaux : trois jours après Steenackers répondait à Gambetta :

Bordeaux, 19 décembre 1870, 4 h. 45 soir. — N° 2,800. *Directeur général des télégraphes à Gambetta, Bourges.* — *Chiffrée.* — L'aéronaute descendu à Beaune arrive avec un sac de dépêches dans lequel il n'y a pas une miette pour vous.

Il n'avait avec lui aucun pigeon. Une lettre pour Chaudordy que je lui envoie, mais que je ne crois pas officielle.

Ranc est en train de s'installer. Il va fonctionner. J'ai été voir vos appartements ce matin. On y nage dans des flots de pourpre et d'or. — Rien de nouveau, tout va bien.— Salut fraternel et amical.

La pourpre et l'or, ce n'était pas trop pour ces culotteurs de pipes, apôtres des immortels principes. Et quand on pense que le peuple se fait massacrer pour que Gambetta ou Ferry ou Naquet « nagent dans des flots de pourpre et d'or ! »

Leur grand policier était le fameux Ranc, doué des mêmes instincts que son ami et collègue de la Commune, Raoul Rigault. Quand les bonapartistes ne songeaient qu'à servir leur pays contre les Allemands, il croyait ou feignait de croire que c'était pour étouffer dans l'œuf leur chère République.

BORDEAUX, 20 décembre 1870, 9 h. 50 matin.— Nº 590. *Sûreté générale à Intérieur et Guerre, Bourges.* — Bourgoing, écuyer de l'Empereur, et Bachon écuyer du Prince impérial, organisent un régiment avec assentiment du ministre de la guerre.

Ils réquisitionnent des chevaux dans le midi; ils ont avec eux un gendre d'Haussmann.

Je suis assassiné de lettres. Je ne veux pas jouer au *Maurice Angevin* (1), mais mon humble avis est que de donner de telles autorisations à de tels hommes, c'est se créer à plaisir de véritables difficultés, en admettant, ce dont je doute fort, qu'ils soient de bonne foi.

RANC.

Cet homme bien intentionné, c'est de Ranc que nous parlons, l'un des principaux complices de Gambetta, prit part à la Commune, signa le fameux décret concernant les otages

(1) M. M. Engelhard était préfet d'Angers; c'est probablement à lui que font allusion les mots: *Maurice Angevin* et à ses craintes fréquemment exprimées au sujet de la légion Cathelineau, des zouaves de Charette, etc.
(Note des Editeurs)

et fut condamné à mort par le conseil de guerre. Il faut dire que ce jugement fut rendu par contumace: Ranc, peu soucieux de rendre des comptes au conseil de guerre, prit la fuite au dernier moment, quand il lui fut démontré que tous les efforts de M. Thiers étaient devenus impuissants à le soustraire plus longtemps à la justice de son pays.

Gambetta devait nécessairement abonder dans le sens de son complice; ces deux nobles cœurs ne pouvaient pas comprendre qu'un homme ne songeât qu'à combattre l'ennemi, tandis qu'ils ne pensaient, eux, qu'à fonder leur odieuse République.

Bourges, 20 décembre 1870, 6 h. 20 soir. — N° 737, *Ministre à Sûreté générale, Bordeaux.*

Commission a été donnée à M. de Bourgoing de former une compagnie d'éclaireurs à cheval dans la Nièvre, où il avait, à ce qu'il paraît, des éléments tout prêts. Mais il n'a pas et ne peut avoir le droit de former un régiment, de faire des réquisitions et surtout de s'associer tout un personnel qui excite à bon droit les susceptibilités de l'opinion. Assurez-vous de ces agissements, et s'il y a lieu empêchez-les. J'y mettrai bon ordre en retirant la commission à M. de Bourgoing et en donnant un autre chef à sa Compagnie.

Faites usage de ma dépêche auprès du Ministère de la Guerre, si vous le jugez à propos.

Gambetta.

Avant de subir les assauts des Communards, la Banque de France eut à se défendre contre les entreprises de Gambetta. Ce grand établissement de crédit hésitait à mettre ses coffres à la disposition des fantaisies militaires et politiques du dictateur. Celui-ci, qui n'y allait pas par quatre chemins, parle de déposséder la Banque.

Lyon, 23 décembre 1870, 9 h. 26 soir. — N° 5147. *Gambetta à Freycinet, Bordeaux.* — Extrême urgence.

Je lis avec stupeur votre dépêche sur les finances. Je vous prie de faire largement nos évaluations pour janvier. Il importe que ces dépenses soient prévues avec la plus grande ampleur et j'écris au Gouvernement pour le mettre en demeure, ou je fais un éclat. Allez de ma part trouver M. Crémieux. — Nous déposséderons, s'il le faut, la Banque de France.

L. Gambetta

Il est certain que la dépossession de la Banque de France eût été une opération fructueuse pour Gambetta et pour ses amis. C'eût été incontestablement pour eux une bien meilleure affaire encore que l'emprunt Morgan.

Nous avons, d'un subalterne nommé Legoff, une curieuse dépêche. On y lit entre autres choses : « Il y aurait une série d'articles très-intéressants et très-utiles à faire sur les superstitions *militaires*, telles, par exemple, que la superstition du *canon*, » etc. La « superstition du canon », c'est assez joli, mais le naïf Legoff oublie que ses propres patrons étaient singulièrement donnés à cette superstition-là. Le même Legoff, passant à un autre ordre d'idées, disait encore dans cette dépêche adressée à Spuller : « Dans le *Siècle* du 21 décembre (édition de Paris), il y a un article *(les Impuissants)* très-bien fait, où Ernest Picard est éreinté. Je crois qu'il serait bon de le faire reproduire dans le *Siècle* d'ici. Qu'en dites-vous ? »

On se rappelle l'assassinat juridique d'un pauvre diable, nommé Arbinet, que le général Cremer fit fusiller comme espion. Voici une dépêche de Gambetta qui a trait à cet abominable incident :

Lyon, 25 décembre 1870, 4 h. 15, n° 5,198. — *Intérieur à préfet Côte-d'Or, Beaune.* J'apprends que dans les jours de déplorable malentendu entre les diverses autorités qui ont suivi l'affaire de Nuits, un aumônier des hospices de Beaune, mû par des sentiments apparents de pitié, s'est interposé dans l'exécution d'un arrêt de la Cour martiale. Il a fait échec à l'autorité du général Cremer, qui ne devrait jamais rencontrer d'obstacles dans ces matières.

Faites une enquête sévère et impartiale sur cette affaire, afin que je puisse statuer, et évitez, je vous prie, par le concours que vous prêterez à l'autorité militaire, que de pareilles scènes se renouvellent.

LÉON GAMBETTA.

Dans la dépêche suivante, il est question d'un personnage qui a fini d'une façon vraiment républicaine.

BORDEAUX, 2 janvier 1871, 12 h. 30.— N° 7,505. *Justice à préfet, Marseille.* — Gaston Crémieux peut-il occuper le poste de secrétaire général que Rouvier laisse vacant ? Dites-moi, je vous prie, comment dans tous vos troubles Gaston s'est montré. Je désire le savoir de suite. Amitié.

CRÉMIEUX.

Gaston ultérieurement prit part à l'émeute communarde de Marseille. Il fut traduit devant un conseil de guerre, et, tout neveu de l'illustre Crémieux qu'il était, il fut passé par les armes comme un simple Ferré !

Dans une dépêche adressée à Dubost, préfet de l'Orne, Gambetta lui rappelle que le devoir d'un républicain est de mourir à son poste. L'homme aux « cigares exquis » savait bien que son correspondant ne prendrait pas au sérieux un conseil que lui-même n'avait nulle envie de mettre en pratique.

Nous trouvons dans une longue dépêche adressée par Gambetta à ses complices de Paris, à la date du 16 janvier 1871, ce passage significatif : « Quand vous avez publié ma dépêche du 21, AU MILIEU DE TANT D'AUTRES FAUSSES...., vous avez eu tort de supprimer le passage où je vous suppliais de sortir. » Voilà les membres du soi-disant gouvernement de la Défense nationale convaincus une fois de plus de mensonge par un témoignage non suspect. Il est vrai que le larmoyant ami de Laluyé n'en était pas à un faux de plus ou de moins.

Voici une dépêche de Gambetta qui montre dans la pratique ce défenseur de toutes les libertés, et notamment de la liberté de la presse. C'est une réponse à un sieur Audoy, préfet de Lot-et-Garonne, qui demandait des instructions au sujet du journal *la Situation*.

BORDEAUX, 29 janvier 1871, 8 h. 25 soir. — N° 7,102. — *Intérieur à préfet Lot-et-Garonne, Agen. Chiffrée.* — Saisissez le journal, l'abonné, le porteur et les destinataires, car il y a égale culpabilité. LÉON GAMBETTA.

Le journal, l'abonné et le destinataire, soit, mais le porteur !

Un des aides de camp en chambre de Gambetta, le nommé de Serres, comptait entrer à l'Assemblée.

Bordeaux, 2 février 1871, 10 h. 45 matin. — Nº 7,375. *De Serres à docteur Morqfoy, Bayonne.* — J'arrive demain d'un conseil de notre ami F... Prière réserver une place sur liste si possible.

Si croyez bon, annoncez mon arrivée.

De Serres.

Ne dirait-on pas qu'il s'agit de retenir une place dans une diligence ? On sait que ce de Serres, qui est tout bonnement un polonais orné d'un nom impossible, échoua piteusement.

Bordeaux, 5 février 1871, 5 h. soir. — Nº 7,842⁸ — *Spuller à Gent, préfet Marseille.* — Je lis dans votre dépêche d'hier soir adressée à notre ministre cette simple et courte ligne : « *Citoyen, je vous recommande Spuller,* » et rien de plus.

Cela veut-il dire que vous verriez avec plaisir mon élection par Marseille ? Je suis fondé à le croire, et je veux vous dire, mon cher ami, la profonde reconnaissance que je vous garde de ce témoignage d'estime. Je serais payé bien au delà de ce que je mérite, si pour prix des services que j'ai pu rendre à la France et à la République, en assistant Gambetta, depuis le 4 septembre, une grande et républicaine cité comme Marseille, me choisissait pour son représentant. Je n'ose espérer tant de faveur, mais à vous qui avez eu l'idée d'une pareille élection pour moi, je puis déclarer, dans le secret de l'amitié, que ma vie entière n'épuiserait pas ma gratitude et que, si un tel honneur m'était fait, je ne croirais pouvoir m'acquitter envers Marseille qu'en lui dévouant, à elle, à son magnifique et riche avenir, à la démocratie vive et intelligente qu'elle contient dans ses murs, tout ce que j'ai d'intelligence, de dévouement sans réserve, avec le plus inaltérable attachement ; écrivez-moi, je vous prie. Je vous laisse juge de mon émotion contenue depuis hier.

E. Spuller.

Pour savourer tout ce qu'il y a de profondément comique dans cette épître, il faut lire la note un peu malicieuse dont les éditeurs des dépêches l'ont fait suivre :

La dépêche qui impressionnait ainsi M. Spuller, portait, non pas: « Je vous recommande Spuller, » mais: « Je vous recommande *à* Spuller, » Voyez la réponse de M. Gent, tome I, page 162.

Cette réponse est elle-même fort plaisante. Gent est désolé du quiproquo.

Marseille, 5 février 1871, 8 h. 25 soir. — N° 7.820.—*Préfet à Spuller, Bordeaux.* — Confidentielle. — J'avais écrit à Gambetta : « Vous êtes malade, je vous recommande à Spuller. » Pourquoi ne m'avez-vous pas écrit plus tôt? dans l'état actuel des esprits de coterie et de prétentions, ç'aurait été difficile ; mais impossible, non peut-être ; je ne me pardonne pas de n'y avoir pas au moins pensé.

Nous ne pouvous mieux terminer ce recueil que par un emprunt au rapport de M. Boreau Lajanadie sur les actes de la délégation en province. C'est comme un tableau résumé des infamies des hommes du 4 Septembre.

Nous avions été chargés par l'Assemblée de faire une enquête sur les actes du gouvernement de la Défense nationale, — Cette enquête est terminée. Nous voudrions, en quelques mots, en résumer les résultats et en dégager les conclusions. On se rappelle que, dès le lendemain du 4 Septembre, la politique de M. Gambetta triompha dans les conseils de l'Hôtel-de-Ville. Ses collègues ne peuvent donc en décliner la responsabilité.

M. Gambetta craignait, et il ne l'a nullement caché dans les délibérations des 8 et 16 septembre, qu'après l'expulsion du Corps législatif élu par des colléges qui étaient la nation tout entière, une Assemblée nouvelle ne se trouvât nommée dans un esprit peu favorable à l'établissement du pouvoir qui venait de s'établir, et il se demandait ce que deviendraient alors la Révolution et ceux qui l'avaient faite.

Ce n'était pas qu'il contestât, le moins du monde, qu'une assemblée élue ne fût une force dont on avait le plus grand besoin, il l'a reconnu et déclaré à plusieurs reprises dans sa correspondance avec M. Jules Favre, comme dans ses discours à l'Hôtel-de-Ville. Mais il fallait, avant tout, que l'Assemblée nouvelle fût républicaine, et pour en arriver là, il n'y avait pas de meilleur moyen que d'exclure de la représentation nationale, par une prescription d'ordre public, ceux qui ne paraissaient pas offrir des garanties suffisantes d'attachement au régime républicain. Ajourner les élections ou restreindre la liberté des électeurs en les forçant à choisir les élus dans un ordre de candidats déterminé, telle était la politique de M. Gambetta.

Cette politique est assurément fort commode : gouverner sans Assemblées, c'est s'épargner les embarras et les dangers des contrôles et des résistances ; gouverner avec des Assemblées que l'on compose à son gré ou dont on exclut systématiquement certaines catégories de citoyens, c'est s'assurer l'assentiment de la majorité. Dans un cas comme dans l'autre, c'est confisquer la souveraineté populaire à son profit.

Le refus persistant de convoquer une Assemblée a été le premier tort, le tort indéniable, indiscutable, du gouvernement de la Défense nationale. Après avoir établi la République de sa pleine autorité, il s'est, de sa pleine autorité, pour le soutien de la République, arrogé pendant cinq mois tous les pouvoirs, pouvoirs législatifs, politiques, administratifs, militaires, financiers, et même quand la nation désabusée, déçue dans ses espérances, lui demandait à grands cris des élections, il les a refusées.

En agissant de la sorte, les gouvernants de 1870 ne se sont pas souvenus des reproches tant de fois adressés par eux et leurs amis au gouvernement impérial. Ils avaient accusé ce gouvernement d'avoir peu de goût pour le contrôle des Assemblées. Ils ont fait mieux, ils se son passés du contrôle des Assemblées.

Ils avaient reproché à l'Empire d'avoir recherché et poursuivi la guerre dans un intérêt dynastique ; ils ont poursuivi la guerre, et cela de leur propre aveu, dans l'intérêt de la République, quand le succès de la lutte était devenu impossible.

Ils avaient reproché à l'Empire ses candidatures officielles, la pression exercée par les préfets sur les collèges électoraux ; ils ont eu leurs candidats officiels et ils ont exercé sur les électeurs une pression aussi forte, sinon plus forte, que celle des préfets impériaux.

Ils avaient reproché à l'Empire ses plébiscites et son *Moniteur des Communes* répandu avec profusion partout aux frais du Trésor ; ils ont fait leur plébiscite et ils ont envoyé dans toutes les communes de France un journal rédigé par leurs soins et lu par leurs ordres aux enfants des écoles comme aux électeurs.

Leurs circulaires, leurs dépêches télégraphiques, témoignent de leur préoccupation constante, qui était celle-ci : « Elever l'intérêt de la République au-dessus de tous les autres intérêts. » Cette préoccupation ne s'accusait pas seulement chez M. Gambetta ; le ministre de l'intérieur et de la guerre la manifestait, il est vrai, plus franchement, plus vivement que ses collègues, mais elle était commune à tous. Les correspondances des membres du gouvernement, aussi bien que les notes de M. Dréo, l'attestent ; nous en avons fourni les preuves ; nous ne les reproduirons pas.

Cette dictature de cinq mois, que nous a-t-elle valu ?

Elle a valu à la France des défaites, des désastres, la capitulation de Paris, le démembrement du pays, le traité que nous avons été contraints de subir à Bordeaux.

Elle a valu à la République la guerre civile, la Commune, ses crimes, l'assassinat des otages, l'incendie de nos monuments.

Assurément, il est permis de croire que, si une Assemblée élue avait partagé le pouvoir avec les membres du gouvernement de la Défense, une partie au moins de ces malheurs nous eût été épargnée.

Il est également permis de croire que ceux-là ne sont point sans responsabilité dans le triste dénoûment de cette crise, qui ont disposé de tout, souverainement, et qui ont agi en toute circonstance de leur pleine et entière autorité.

Si les membres du gouvernement de la Défense avaient été assez heureux ou assez habiles pour relever l'honneur de nos armes, pour expulser l'ennemi de notre territoire, pour signer une paix glorieuse à Bordeaux, ils en auraient assurément et à juste titre revendiqué pour eux l'honneur.

Malheureux, et malheureux par leur faute, ils ne peuvent pas aujourd'hui se dérober à la responsabilité des défaites qu'ils ont essuyées, des humiliations qu'ils ont subies et fait subir à la France.

Qu'on ne dise pas que la continuation de la guerre et les souffrances qui en ont été la suite sont un legs de l'Empire, que l'Empire en est seul responsable. Ce serait confondre deux responsabilités distinctes.

La responsabilité de l'Empire ne cesse pas évidemment le jour de sa chute ; il a légué à la France avec une guerre engagée l'obligation de continuer cette guerre, malgré l'épuisement de nos ressources et la désorganisation de nos armées, parce que l'honneur compromis de nos armes le commandait.

Qu'il soit exact ou non que le ministre des affaires étrangères du gouvernement de la Défense ait déclaré à Bordeaux que la paix était possible à Ferrières, au prix de la cession de Strasbourg et de sa banlieue, peu importe ; car ces conditions de paix, assurément moins douloureuses que celles que nous avons subies plus tard, n'auraient pas été acceptées par le pays, ne pouvaient pas l'être, tant que l'armée de Metz existait et que tout espoir de repousser l'invasion n'était pas perdu.

Qu'il soit exact ou non qu'après la chute de Metz la paix, déjà plus difficile et plus coûteuse, fût néanmoins possible, comme le disait M. Thiers, au prix de l'abandon de l'Alsace et de 2 milliards, peu importe encore : notre honneur exigeait de nouveaux efforts. Les armées de Paris et de la Loire n'étaient pas défaites, elles comptaient plus de 300,000 hommes, et l'on pouvait espérer, en tentant le sort des armes, chasser l'ennemi. Tant que cette espérance subsistait, le gouvernement ne devait pas traiter.

Mais après l'issue des combats de la Loire et de la Marne, après nos désastres, quand de nouvelles rencontres ne pouvaient plus amener que de nouvelles catastrophes, l'opinion publique se résigna à la paix : le Gouvernement seul persista à vouloir la guerre. Par cette persistance, il assuma une responsabilité personnelle qu'il serait injuste de faire retomber sur l'Empire.

Elle reste tout entière à la charge de ceux qui l'ont prise.

L'Empire est responsable de la déclaration de guerre, de l'insuffisance des préparatifs, de nos premiers revers, et même de la continuation de la guerre jusqu'à la chute de Metz et jusqu'à la défaite des armées de la Loire ; mais l'Empire ne saurait être équitablement rendu responsable de la continuation de la guerre depuis le mois de décembre 1870 jusqu'au 31 janvier 1871, ni de la manière dont cette guerre a été conduite.

Est-ce la faute de l'Empire si l'on a placé à la tête des affaires des hommes absolument étrangers à l'administration des choses militaires, si l'on a subordonné l'autorité des chefs de l'armée à l'autorité des préfets, violé toutes les règles de la hiérarchie, destitué des généraux pour les remplacer par des commissaires civils et des commissions d'armement, créé des camps comme celui de Conlie ; si l'on s'est entouré d'agents que l'on peut juger par leurs dépêches, de fournisseurs que l'on peut juger par leurs marchés, de conseillers que l'on peut juger par leurs combinaisons stratégiques ?

Qui a fait tout cela, si ce n'est le gouvernement de la Défense ? Et s'il n'est pas responsable de ces actes quel gouvernement le sera jamais ?

Sans l'aveu de la nation, il s'était emparé du pouvoir le 4 septembre ; sans l'aveu de la nation il s'est maintenu au pouvoir pendant cinq mois. Au refus de convoquer une Assemblée nationale, il a ajouté la faute de dissoudre les Conseils généraux et les conseils municipaux, de telle sorte que la main mise sur le pays, ses forces, ses libertés, ses droits, a été complète et absolue.

Les FORCES de la France, on les a usées, épuisées, non pas seulement dans l'intérêt de la défense, mais dans l'intérêt d'un parti, et le nom de la RÉPUBLIQUE, dans les proclamations de M. Gambetta et de ses collègues, a toujours sonné plus haut que le nom de la PATRIE.

Les LIBERTÉS de la France, libertés parlementaires, départementales, municipales, on les a foulées aux pieds. On a chassé le Corps législatif et les Conseils élus, pour substituer aux Conseils élus, des Commissions nommées par les préfets ; au Corps législatif, les dictateurs de l'Hôtel-de-Ville, et l'on a maintenu ce régime de l'arbitraire et du bon plaisir jusqu'à la chute de Paris ; on aurait voulu le couserver jusqu-à l'épuisemeut du pays.

Les DROITS de la France, on les a confisqués, on a capricieusement réparti tous les impôts, même l'impôt du sang. On s'est joué de l'armée et de la magistrature. On a arrêté emprisonné, expulsé les citoyens. On s'est arrogé le droit suprême de disposer du sort de la nation.

Qui de nous pourrait oublier la situation dans laquelle nous avons trouvé la France en février 1871, quand nous nous sommes réunis à Bordeaux? Qui de nous pourrait oublier les heures d'angoisse que nous avons traversées, quand nous arrivaient des nouvelles telles que celles-ci :

« L'ennemi ne veut pas traiter; il veut parcourir et occuper la France tout entière. Il entre à Paris : il veut entrer à Lyon, à Marseille, à Bordeaux. » Qui donc l'en aurait empêché ?... Nous étions à sa merci !... Et nous n'aurions pas le droit d'être sévères pour les hommes qui, sans mandat, sans capacité, sans compétence, sans autorité, se sont faits les maîtres de nos destinées, les juges suprêmes de notre vie et de notre honneur, et nous ont précipités dans cet abîme où la nation française pouvait disparaître et périr !

Voilà les reproches que la commission d'enquête fait au gouvernement du 4 septembre. Quant à ses fautes de détail, fautes militaires, fautes administratives, fautes diplomatiques, nous les avons indiquées; nous n'avons plus à y insister. Qu'il se soit laissé entraîner par les séductions du pouvoir absolu, qu'il ait subi les conséquences de son origine, qu'il ait voulu satisfaire à des ambitions personnelles, ou à des intérêts de parti, peu importe. En présence de faits indiscutables et injustifiables, votre commission a dû demander la réprobation de l'Assemblée et du pays sur la dictature de 1870, sur la révolution d'où elle est sortie, sur les usurpations et les excès de pouvoir qui en ont prolongé la durée, au grand détriment de la défense nationale et au grand profit de nos ennemis.

2086 Paris. — Imp. Richard-Berthier, 18-19, pass. de l'Opéra.

www.ingramcontent.com/pod-product-compliance
Ingram Content Group UK Ltd.
Pitfield, Milton Keynes, MK11 3LW, UK
UKHW012105240726
13965UKWH00004B/1568

9 782013 382748